目で見てわかる！

「材料入れて煮るだけ」レシピ

市瀬悦子

もくじ

1、さっと蒸し煮

2、しっかり煮込み

3、麺とご飯

4、具だくさんスープ

副菜も材料入れて煮るだけ！

おつまみも材料入れて煮るだけ！

おやつも材料入れて煮るだけ！

ほうっておけば
勝手においしくなる
魔法のレシピ！

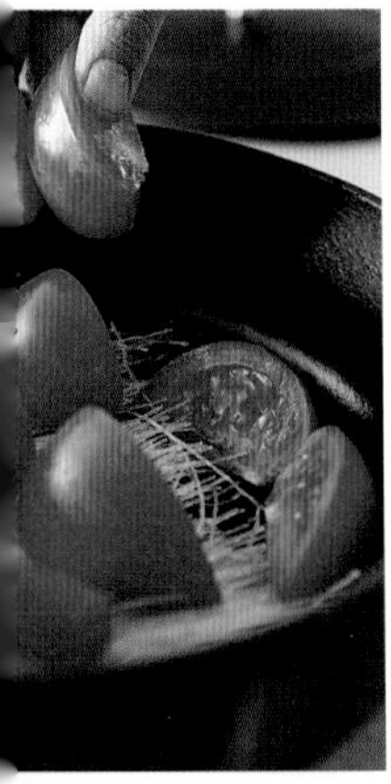

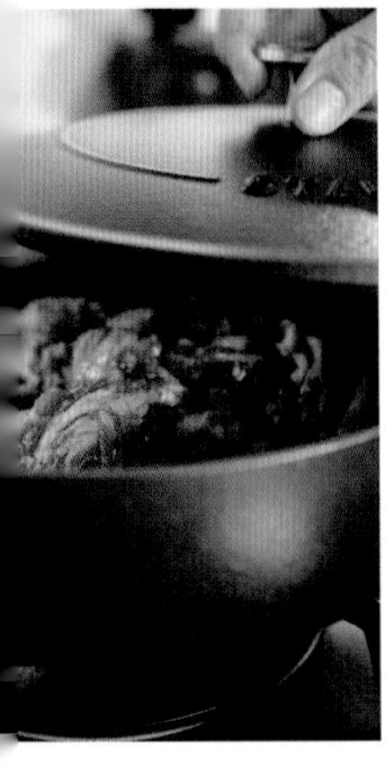

レシピにはすべて「理由」があります。材料の分量はもちろんのこと、切り方や火力、加熱時間、そして鍋やフライパンに入れる順番。そのどれもが、どうすればその料理が簡単に、おいしくできるかを考えて、作り込まれています。

だけど忙しいときにはそれがちょっと煩わしくもあります。そこでおすすめしたいのが、材料の下ごしらえを済ませたら、あとは鍋に入れて火にかけるだけ、という調理法。名づけて「材料入れて煮るだけ」レシピ！

実は忙しい日のわが家の夕ごはんでも、こうした料理がよく登場するんです。微妙な火加減や材料を入れるタイミングを気にしなくて済みますから、だいぶ楽。調理中は手が空くので、副菜や汁ものを作ることもできます。

それにしてもそんなに手順を省いてしまって大丈夫なのでしょうか？　どうぞご心配なく。この本のレシピは、材料の切り方や重ねる順番によって、火がちょうどよく入り、うまみや風味がしっかり行き渡るよう、試作を重ねて、調整しています。

しかもこの調理法は、食材のうまみを逃がすことなく、凝縮させるもの。料理初心者の方が作っても、おいしくできあがりますし、鍋ひとつで済むので洗いものが少なくて済んだり、ふたをして調理するのでキッチンが汚れにくいというメリットもあります。いいことずくめですね。

ささっとできる蒸し煮から、おもてなしにも使えるコトコト煮込み、麺もの、ご飯ものに、おつまみまですべて、「材料入れて煮るだけ」です。特別な日は時間をかけたって、日々のごはん作りはちょっとした手間を省いてもおいしく食べたいものですよね。「材料入れて煮るだけ」レシピが、みなさまのごはん作りのお役に立てますように。

市瀬悦子

止
点火
止
点火

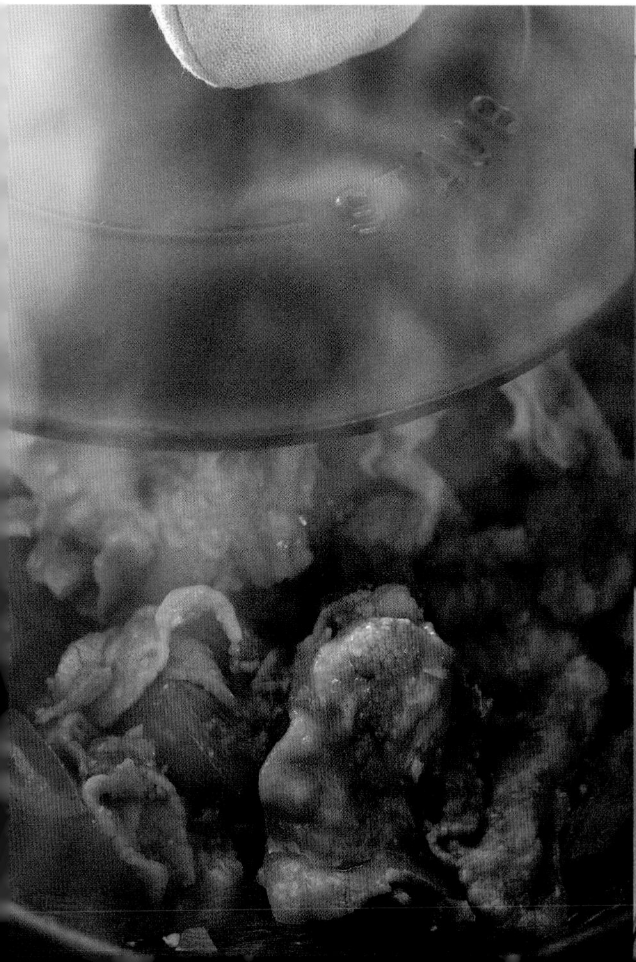

ふたのある

フライパン か 厚手の鍋 を使います

水分が **少ない** ものは

フライパン

- 「1、さっと蒸し煮」と「3、麺とご飯」のパスタ以外の麺類はフライパンで調理できます。
- 水分が多いものをフライパンで作ろうとすると吹きこぼれる危険性があります。
- ふたはなるべくぴたっとはまるものがよいでしょう。
- 「おつまみ」など、量が少ないときは小さめのものを使ってください。

水分が **多い** ものは

鍋

- 鋳物などの厚手の鍋がおすすめです。もちろんステンレス製などの鍋でも構いません。
- レシピではフライパンで作っている料理も、鍋で作ることができます。ただしその際は水の量を3/4ほど、加熱時間を1.2倍ほどにし、様子を見ながら調整してください。
- 「おやつ」など、量が少ないときは小さめのものを使ってください。

煮込み料理で煮汁が少なめのレシピでは〈落としぶた〉を使います

落としぶたはオーブン用シートやアルミホイルで作れます。鍋の直径よりも大きめの正方形に切り出したら、4つ折りにし、角を中心にして斜め半分に2回折ります。先端を少し切り、2か所ほど三角形の切り込みを入れ、端を円く整えたらできあがり。煮汁が効率よく回るので、少なめでも味がよく行き渡ります。

[注意]

- 火加減はレシピの指示に従ってください。吹きこぼれそうなときは火を弱めましょう。
- 水分量の少ないレシピは、水がなくなって焦げつかないよう注意。たまに中をチェックして、水分が足りないようなら水適量を足してください。
- パスタ（P90、91）以外のレシピでは途中で混ぜる必要はありません。
- あらかじめ鍋（フライパン）を熱しておく必要はありません。

食材は

1 野菜　2 肉／魚　3 液体

の順に入れます

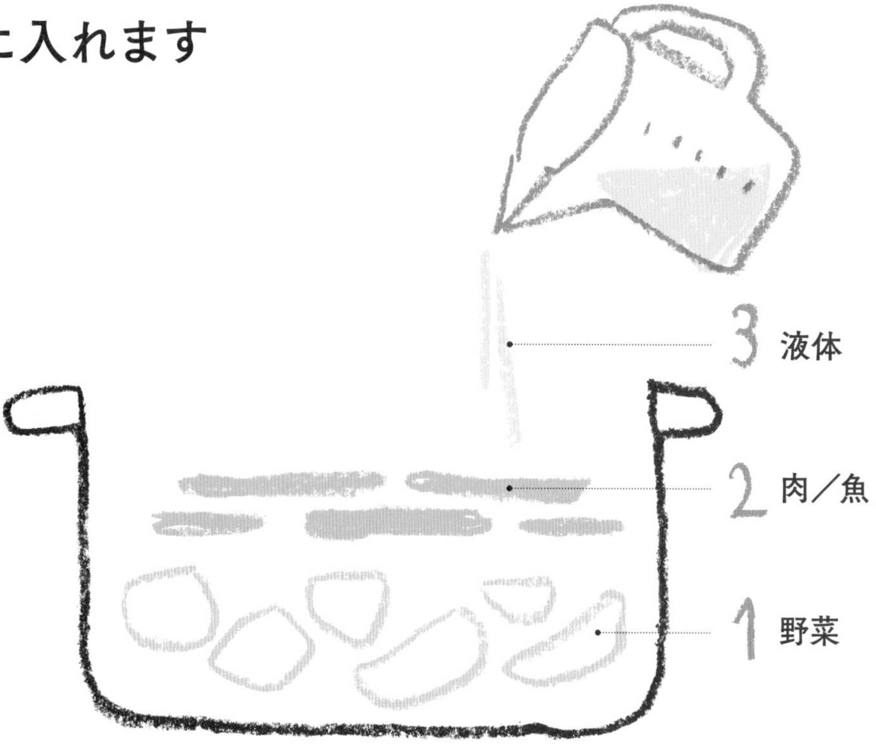

- 基本的には「火が通りづらい」順に入れていきます。
- 野菜でも特に根菜などを下にするとよいでしょう。ただし火が通りやすい野菜、色よく仕上げたい野菜、食感を残したい野菜は最後にのせます。
- 肉や魚は上にのせることでうまみが下の食材にしみ渡ります。
- 肉や魚を下に入れると火が通りすぎて硬くなってしまうことがあります。
- 場合によってはこのルールどおりでないこともありますので、個別のレシピに従ってください。

［ この本の決まり ］

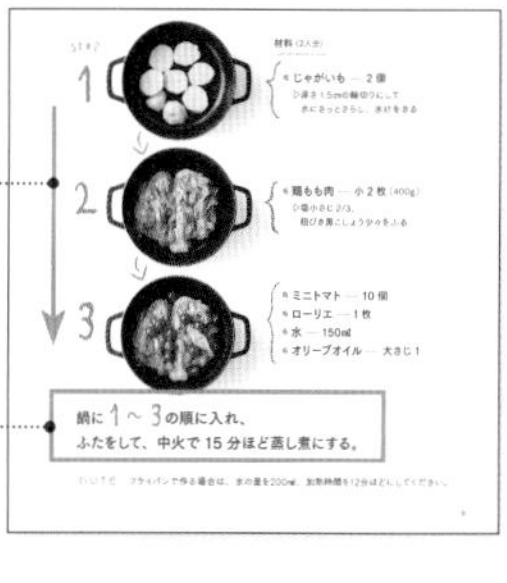

- 材料は鍋（フライパン）に入れる順に並んでいます。下ごしらえをしたうえで重ねていってください。
  火力、加熱時間などは写真下の作り方の指示に従ってください。
- 大さじ1は15㎖、小さじ1は5㎖、ひとつまみは指3本でつまんだくらいの量です。
- 野菜などの分量は皮や種などを含んだものです（正味のものは表記）。
- 洗う、皮をむくなどの基本的な下準備を済ませてからの手順となっています。
- 塩は食塩、しょうゆは濃口しょうゆ、みそは信州みそ、みりんは本みりん、酢は米酢、砂糖は上白糖、だし汁は昆布とかつお節でとったもの、レモンは国産のものを使用しています。

1、さっと蒸し煮

◎使うのはおなじみの材料だけ
◎15分ほどでぱぱっと作れる
◎毎日のおかずにぴったりのレシピ

鶏肉とじゃがいものトマトオイル蒸し煮

鶏肉のうまみがじゃがいもに深くしみ込んで、いつもの食材だけど
ごちそう級のおいしさに！ トマトはつぶしてソースみたいにしながら食べると、
鶏肉とじゃがいもによくからまって、その甘酸っぱさが全体を引き立ててくれます。

材料（2人分）

step 1

- **じゃがいも …… 2個**
  ▷厚さ1.5㎝の輪切りにして
  水にさっとさらし、水けをきる

2

- **鶏もも肉 …… 小2枚**（400g）
  ▷塩小さじ2/3、
  粗びき黒こしょう少々をふる

3

- **ミニトマト …… 10個**
- **ローリエ …… 1枚**
- **水 …… 150㎖**
- **オリーブオイル …… 大さじ1**

鍋に1〜3の順に入れ、
ふたをして、中火で15分ほど蒸し煮にする。

note　フライパンで作る場合は、水の量を200㎖、加熱時間を12分ほどにしてください。

鶏肉とピーマンのオイスター蒸し煮

ピーマンや長ねぎの甘み、つまり野菜本来のおいしさを
手軽に味わうことのできるレシピです。
やわらかくなった野菜は鶏肉の食感とも相性がよく、
そこにカシューナッツを加えれば、
最高のアクセントになります。

材料（2人分）

step 1

- 鶏もも肉 …… 大 1 枚（300g）
  ▷小さめのひと口大に切り、
  A をもみ込む

  A | オイスターソース、しょうゆ … 各大さじ 1
  砂糖 … 小さじ 1
  片栗粉 … 小さじ 1/2

- 長ねぎ …… 1 本
  ▷長さ 3㎝に切る

2

- ピーマン …… 3 個
  ▷ひと口大に切る

3

- カシューナッツ（無塩）…… 40g
- 水 …… 大さじ 4

フライパンに 1 ～ 3 の順に入れ、
ふたをして、中火で 7 分ほど蒸し煮にする。

note
- A にラー油小さじ 1/2 ～ 1 を加えてもおいしいです。
- カシューナッツの代わりに同量の好みのナッツ類でも OK。

鶏胸肉とさつまいもの みぞれ蒸し煮

硬くなりがちな鶏胸肉も、
この調理法ならしっとりやわらかに仕上がります。
火が通りづらいさつまいもも同じ。
甘みを存分に引き出しつつ、ほくほくとした食感に。
大根おろしがさっぱりと全体をまとめてくれます。

材料（2人分）

- 大根おろし（汁ごと）…… 100g
- 水 …… 200mℓ
- みりん …… 大さじ 3
- しょうゆ …… 大さじ 2 と 1/2

- さつまいも …… 1 本（300g）
  ▷皮つきのまま厚さ 1cmの輪切りにして水にさっとさらし、水けをきる

- 鶏胸肉（皮なし）…… 1 枚（250g）
  ▷ひと口大のそぎ切りにして塩少々をふり、片栗粉適量を薄くまぶす

仕上げ

- 大根おろし（汁ごと）…… 100g
- 細ねぎ（小口切り）…… 適量

フライパンに 1 ～ 3 の順に入れ、
ふたをして、中火で 15 分ほど蒸し煮にする。
器に盛り、仕上げに大根おろしをのせ、細ねぎを散らす。

note　さつまいもが太い場合は半月切りにしましょう。

バジルチキンとセロリのチーズ蒸し煮

バジルとセロリの豊かな香りがぎゅっと凝縮されたひと皿。
とろとろチーズにこしょうを効かせれば、
鶏胸肉がごちそうに大変身します。
ちょっとしたおもてなしにもぴったり！

step

1

材料（2人分）

- **セロリの茎** …… **1本分**
  ▷斜め薄切りにする

2

- **鶏胸肉**（皮なし）…… **1枚**（250g）
  ▷厚みを半分に切り、ドライバジル小さじ 1、塩小さじ 1/2 をふる
- **にんにく** …… **1かけ**
  ▷薄切りにする
- **水** …… **100㎖**

3

- **セロリの葉** …… **1本分**
  ▷ひと口大にちぎる
- **ピザ用チーズ** …… **40g**
- **粗びき黒こしょう** …… **少々**

フライパンに 1、2 の順に入れ、
ふたをして、弱めの中火で 7 分ほど蒸し煮にする。
3 をのせて再びふたをし、さらに 1 分ほど蒸し煮にする。

note　ドライバジルの代わりにドライパセリやドライミックスハーブなどでもOK。

お手軽食材でぱぱっと作れるけれど、
エリンギのおかげで食べごたえは十二分！

ささ身と豆苗のナンプラー蒸し煮

step

1

2

材料（2人分）

- 豆苗 …… 1パック　▷根元を切り落とす
- エリンギ …… 2本　▷縦6～8等分に裂く

- 鶏ささ身（筋なし）…… 4本（200g）
  ▷縦4等分に切り、塩、粗びき黒こしょう各少々をふる
- A　酒 …… 大さじ3
  　　ナンプラー …… 大さじ1
  ▷混ぜる

（仕上げ）

- 粗びき黒こしょう …… 適量

フライパンに1、2の順に入れ、
ふたをして、中火で7分ほど蒸し煮にする。
器に盛り、仕上げに粗びき黒こしょうをふる。

材料（2人分）

- **とうもろこし** …… **1本**　▷包丁で実をそぎ取る

- **鶏スペアリブ** …… **300g**
  ▷Aをもみ込む
  A｜ウスターソース … 大さじ2
  　カレー粉 … 小さじ1
  　塩 … 小さじ1/4
  　粗びき黒こしょう … 少々
- **水** …… **130㎖**

（仕上げ）　**バター** …… **20g**

フライパンに1、2の順に入れ、
ふたをして、中火で10分ほど蒸し焼きにする。
ふたを取り、水分を飛ばしながら焼きつける。
器に盛り、仕上げにバターをのせる。

note
味は多少変わりますが、冷凍や缶詰のとうもろこし180gでも作れます。

鶏スペアリブととうもろこしのカレー蒸し焼き

スパイシーな味つけはご飯が進むこと請け合い。
仕上げに鶏肉を少し焼きつけると香ばしさがアップします。

豚バラ大根の重ね蒸し煮

豚バラ肉のうまみが大根にしみ込んでおいしい！
最後はすだちやポン酢でさっぱり仕上げるので、
食べ飽きない味になります。

step 1

材料（2人分）

- **大根 …… 1/3 本**（300g）
  ▷厚さ 2㎜の半月切りにする

2

- **豚バラ薄切り肉 …… 120g**
  ▷長さ 8㎝に切り、塩小さじ 1/3、粗びき黒こしょう少々をふる
- **水 …… 100㎖**

仕上げ

- **すだち …… 1 個**
  ▷半分に切る
- **ポン酢しょうゆ、ゆずこしょう …… 各適量**

フライパンに 1、2 の順に入れ、
ふたをして、中火で 8 分ほど蒸し煮にする。
器に盛り、仕上げにすだちをのせ、
ポン酢しょうゆとゆずこしょうを添える。

note　すだちの代わりにレモンでもOK。

豚バラとトマトの中華春雨蒸し煮

春雨は戻さずに入れるので、火を通すうちに、
肉やトマトのうまみをたっぷり吸収。
これだけでもとっても美味！
白いご飯と一緒に食べるとよく合います。

step

1

材料（2人分）

- 緑豆春雨 …… 50g
  ▷長さを半分に切り、水にさっとくぐらせる

2

- トマト …… 2個
  ▷ 6等分のくし形切りにする

3

- 豚バラ薄切り肉 …… 150g
  ▷長さ6㎝に切り、
  混ぜ合わせたAをもみ込む

  A | にんにく（みじん切り）… 1かけ分
  みそ、酒、しょうゆ、ごま油
  … 各大さじ1
  鶏がらスープの素（顆粒）… 小さじ1
- 水 …… 150㎖

鍋に1～3の順に入れ、ふたをして、中火で10分ほど蒸し煮にする。

note
- フライパンで作る場合は、水の量を200㎖、加熱時間を8分ほどにします。
- 春雨は、でんぷんが原料の国産春雨だとこびりつきやすいので、緑豆春雨を使用してください。

ズッキーニと豆苗の豚肉巻き蒸し煮

step

1

材料（2人分）

- ズッキーニ …… 小 1 本
  ▷縦 8 等分に切る
- 豆苗 …… 1/2 パック
  ▷根元を切り落とす
- 豚バラ薄切り肉 …… 8 枚（180g）
  ▷塩小さじ 1/4 をふり、
  1枚ずつにズッキーニ 1 切れと
  豆苗の 1/8 量をのせて斜めに巻く
- 水 …… 大さじ 5

〈 ねぎだれ 〉

長ねぎ（みじん切り）…… 1/4 本分
しょうゆ、酢 …… 各大さじ 1
砂糖、ごま油 …… 各小さじ 2
▷混ぜる

フライパンに 1 を入れ、
ふたをして、中火で 7 分ほど蒸し煮にする。
器に盛り、ねぎだれをかける。

3 つの食材をまとめて食べればますますおいしく！
一見、火加減が難しそうですが、
この調理法なら、ほうっておくだけでしっかり火が入り、
野菜も甘く、やわらかくなります。

豚バラと白菜の中華蒸し煮

人気の組み合わせに、
玉ねぎやにんにくでパンチを効かせました。
しっとりとした食感はこの作り方ならでは。
そのままご飯にのせてもおいしいですよ！

材料（2人分）

- **白菜の軸 …… 1/8 個分**（150g）
  ▷小さめのひと口大に切る
- **白菜の葉 …… 1/8 個分**（150g）
  ▷大きめのひと口大に切る
- **豚バラ薄切り肉 …… 120g**
  ▷長さ 8㎝に切り、
  Aをもみ込む

A
玉ねぎ（すりおろし）… 1/8 個分
にんにく（すりおろし）… 1/4 かけ分
しょうゆ … 大さじ 1 と 1/2
砂糖 … 大さじ 1
ごま油 … 大さじ 1/2
片栗粉 … 小さじ 1
塩 … 少々

- **水 …… 大さじ 4**

フライパンに 1 ～ 3 の順に入れ、
ふたをして、中火で 7 分ほど蒸し煮にする。

note　白菜の代わりにキャベツでもOK。

にんじんの大量消費にぴったりのおいしいレシピ。
甘くてやわらかいので子どももOK。

豚こまとにんじんの塩バター蒸し煮

材料（2人分）

step

1

- にんじん …… 大1本（200g）
  ▷厚さ5㎜の輪切りにする

2

- 豚こま切れ肉 …… 200g
  ▷Aをふる
  A｜白ワイン（または酒）… 大さじ2
  　｜塩 … 小さじ2/3
  　｜粗びき黒こしょう … 少々
- タイム（あれば）…… 5～6本
- 水 …… 150㎖
- バター …… 10g

フライパンに1、2の順に入れ、
ふたをして、中火で12分ほど蒸し煮にする。

note　タイムの代わりにローリエ1枚でもOK。

材料（2人分）

step

1

- **玉ねぎ …… 1/2 個**
  ▷横に幅 1cmに切る
- **パプリカ**（赤）**…… 1 個**
  ▷縦 6 等分に切る

2

- **豚こま切れ肉 …… 150g**
  ▷**A** をもみ込む

  A | にんにく（すりおろし）… 1/2 かけ分
  コチュジャン、しょうゆ … 各大さじ 1
  砂糖 … 小さじ 2
  ごま油 … 大さじ 1/2
- **水 …… 大さじ 4**

フライパンに 1、2 の順に入れ、
ふたをして、中火で 7 分ほど蒸し焼きにする。
ふたを取り、水分が残っていたら飛ばしながら焼きつける。

豚こまとパプリカのコチュジャン蒸し焼き

韓国料理風の力強い味。白いご飯によく合います。
パプリカと玉ねぎの甘みがよく引き出されて、奥行きのある味わいに。

豚しゃぶとなすの梅みそ蒸し煮

step 1

材料（2人分）

- なす …… 3本
  ▷縦8等分に切る

2

- 豚ロース薄切り肉（しゃぶしゃぶ用）…… 150g
  ▷混ぜ合わせたAをもみ込む

A
- 梅干し（果肉を粗くたたいたもの）… 1個分
- にんにく（すりおろし）… 少々
- みりん … 大さじ1と1/2
- みそ … 大さじ1
- ごま油 … 大さじ1/2

- 水 …… 大さじ3

フライパンに1、2の順に入れ、ふたをして、中火で7分ほど蒸し煮にする。

note　梅干しの代わりに、にんにくの量を増やしてもOK。

梅干しの酸味でさっぱりとさせながら、
なすには味がよくしみて
しっかりおいしいおかずです。
豚肉は薄いしゃぶしゃぶ用を使うことで
なすとの一体感が出ます。

豚肉とブロッコリーの カマンベール蒸し煮

ワインにも合う洒落た一品。
ブロッコリーは茎を長めにしても大丈夫。
この作り方なら、やわらかく、おいしく仕上がります。
もちろんカマンベール以外のチーズでも OK。
ソフトで、食材にからみやすいものを選んでください。

step

1

材料（2人分）

- ブロッコリー …… 1/2株（正味120g）
  ▷茎を長めにつけて小房に分ける
- 紫玉ねぎ …… 1/2個
  ▷厚さ2cmのくし形切りにする

2

- 豚ロース薄切り肉（しょうが焼き用）
  …… 6枚（250g）
  ▷塩小さじ1/2、
  粗びき黒こしょう少々をふる
- 水 …… 大さじ4

3

- カマンベールチーズ …… 1個（100g）
  ▷放射状に8等分に切る

フライパンに1、2の順に入れ、
ふたをして、中火で7分ほど蒸し煮にする。
ざっくり混ぜて火を止め、
3をのせて再びふたをし、余熱でチーズを溶かす。

note
- 紫玉ねぎの代わりに普通の玉ねぎでもOK。
- ブロッコリーの代わりにカリフラワーでもOK。

牛肉とズッキーニのトマトカレー蒸し煮

ズッキーニは大胆に、大きく切りましょう。
下味をつけた牛肉をのせて蒸し煮にすれば、
おいしさのエキスをズッキーニがすべて受け止めてくれます。
カレー粉の辛み、トマトの酸味が、
絶妙にからみ合って、ご飯が進む一品に。

step

1

材料（2人分）

- ズッキーニ …… 1本
  ▷へたをつけたまま縦半分に切り、
  切り口に格子状の浅い切り込みを入れる

2

- 牛切り落とし肉 …… 120g
  ▷Aをもみ込む

A	オリーブオイル … 大さじ1
	カレー粉 … 小さじ1
	塩、クミンシード … 各小さじ1/2

3

- ミニトマト …… 12個
- 水 …… 100mℓ

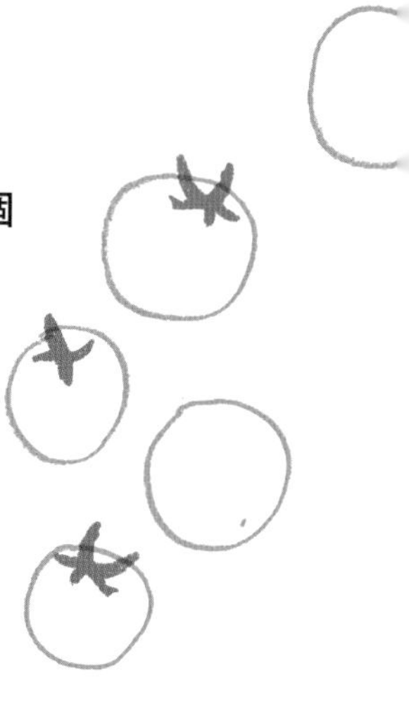

フライパンに1～3の順に入れ、
ふたをして、中火で10分ほど蒸し煮にする。

牛肉とたけのこの
バターじょうゆ蒸し煮

step
1

材料（2人分）

- **たけのこ**（水煮）…… **300g**
  ▷穂先は厚さ 2㎝のくし形切り、
  根元は厚さ 1㎝の半月切りにする

2

- **牛切り落とし肉** …… **150g**
  ▷**A** をもみ込む

  A
  しょうゆ … 大さじ 1 と 1/2
  サラダ油、みりん … 各大さじ 1
  砂糖 … 大さじ 1/2
  片栗粉 … 小さじ 1
- **水** …… **大さじ 4**

（仕上げ）

- **バター** …… **15g**
- **粉山椒**（あれば）…… **適量**

フライパンに 1、2 の順に入れ、
ふたをして、中火で 7 分ほど蒸し煮にする。
器に盛り、仕上げにバターをのせ、粉山椒をふる。

バターとしょうゆってなんでこんなに合うんでしょう？
そこに山椒を加えれば、完璧な味のトライアングルが完成。
やわらかい牛肉と、たけのこの食感。
そのあいだにバターがしみ渡って、
なんともいえないおいしさです。

フライパンに1、2の順に入れ、
ふたをして、
中火で7分ほど蒸し煮にする。
器に盛り、仕上げにごまをふる。

材料（2人分）

- **緑豆春雨** …… **50g**
  ▷長さを半分に切り、水にさっとくぐらせる

- **ほうれん草** …… **150g**
  ▷長さ5㎝に切る
- **牛切り落とし肉** …… **120g**
  ▷Aをもみ込む

  A
  玉ねぎ（すりおろし）… 1/8 個分
  にんにく（すりおろし）… 1/2 かけ分
  コチュジャン … 大さじ 2
  しょうゆ、ごま油 … 各大さじ 1
  砂糖 … 小さじ 2
  塩 … 少々
- **水** …… **250㎖**

（仕上げ）　**いりごま**（白）…… **適量**

note　春雨は、でんぷんが原料の国産春雨だとこびりつきやすいので、必ず緑豆春雨で。

牛肉とほうれん草のピリ辛蒸し煮

ナンプラーとライム、香菜で東南アジア風に仕上げました。

牛肉ともやしのナンプラー蒸し煮

step

1

2

材料（2人分）

- もやし …… 大 1 袋（250g）

- 牛切り落とし肉 …… 120g
  ▷A をもみ込む
  A ｜ナンプラー、サラダ油 … 各大さじ 1
  　 ｜粗びき黒こしょう … 少々
- ライム（輪切り）…… 4 枚
- 水 …… 大さじ 2

（仕上げ） 香菜（ざく切り）…… 適量

フライパンに 1 、2 の順に入れ、
ふたをして、中火で 5 分ほど蒸し煮にする。
器に盛り、仕上げに香菜をのせ、さっと混ぜる。

note　ライムの代わりにレモンでもOK。

しっかり下味をつけたひき肉とかぼちゃを
一緒に蒸すと食べごたえ満点のおかずに。

かぼちゃのケチャップミート蒸し焼き

材料（2人分）

- **かぼちゃ** …… **小 1/4 個**（正味250g）
  ▷ 3㎝角に切る
- **ひき肉だね**
  合いびき肉 … 200g
  卵 … 1 個
  玉ねぎ（みじん切り）… 1/4 個分
  にんにく（みじん切り）… 1 かけ分
  パン粉 … 20g
  トマトケチャップ … 大さじ 4
  牛乳 … 大さじ 2
  塩 … 小さじ 1/4
  ▷ボウルに入れて粘りが出るまで混ぜ、
  ひと口大にちぎる
- **水** …… **130㎖**

step

1

2

フライパンに 1、2 の順に入れ、
ふたをして、中火で 10 分ほど蒸し焼きにする。
ふたを取り、水分が残っていたら飛ばしながら焼きつける。

step

1

2

フライパンに 1、2 の順に入れ、
ふたをして、
中火で 8 分ほど蒸し煮にする。
仕上げに長ねぎを加えてざっと混ぜ、
器に盛り、ラー油をかける。

材料（2人分）

- 絹ごし豆腐 …… 1丁（300g）
  ▷ 6 等分に切る
- 白菜キムチ（カットタイプ）…… 100g

- ひき肉だね
  - 豚ひき肉 … 200g
  - 酒 … 大さじ 2
  - 片栗粉、ごま油 … 各大さじ 1/2
  - しょうゆ … 小さじ 1
  - 塩 … 少々

  ▷ボウルに入れてざっくり混ぜ、
  小さくちぎる
- 水 …… 50mℓ

仕上げ

- 長ねぎ（粗みじん切り）…… 1/2 本分
- ラー油 …… 適量

そのままご飯にのせてもおいしい、
ちょっと変わった韓国風の麻婆豆腐。

ひき肉と豆腐のキムチ蒸し煮

ひじきつくね
にらじょうゆだれ

step

1

材料（2人分）

- つくね
  - A
    - 豚ひき肉 …… 250g
    - 卵 …… 1個
    - しょうが（すりおろし）…… 1かけ分
    - 片栗粉 …… 大さじ1/2
    - 塩 …… 少々
  - 芽ひじき …… 4g
    ▷水に15分ほどつけて戻し、さっとゆでて水けをきり、冷ます
  - ▷ボウルにAを入れて粘りが出るまで混ぜ、ひじきを加えてさっと混ぜ、8等分にして小判形に整える
- 水 …… 大さじ4

〈 にらじょうゆだれ 〉

- にら …… 1/4束　▷幅5㎜に切る
- しょうゆ、ごま油 …… 各大さじ1
- 砂糖 …… 大さじ1/2

▷混ぜる

フライパンに1を入れ、
ふたをして、中火で6分ほど蒸し焼きにする。
ふたを取り、水分が残っていたら飛ばしながら焼きつける。
器に盛り、にらじょうゆだれをかける。

芽ひじき入りのつくねは
食感も味わいもぐんとおいしく!
こんがりとした焼き目をつけて
香ばしく仕上げたいので
必要ならばふたをはずしてから
少し焼きつけましょう。

ミートボールとカリフラワーのクリーム蒸し煮

濃厚なスープには食材のうまみが凝縮されて
ご飯もパンもぱくぱく進む味に！
食べごたえたっぷりのミートボールと
やわらかくなったカリフラワーの食感が
絶妙にからみ合って、満足感の高いおかずです。

step

1

2

3

材料（2人分）

- **カリフラワー** …… **小 1 株**（正味200g）
  ▷小房に分ける

- **ミートボール**
  - **合いびき肉** …… **250g**
  - **卵** …… **1 個**
  - **玉ねぎ**（みじん切り）…… **1/4 個分**
  - **にんにく**（みじん切り）…… **1 かけ分**
  - **パン粉** …… **20g**
  - **牛乳** …… **大さじ 2**
  - **塩** …… **小さじ 1/4**

  ▷ボウルに入れて粘りが出るまで混ぜ、
  10 等分にして丸める

- **A**
  - **生クリーム** …… **200㎖**
  - **塩** …… **小さじ 1/3**

  ▷混ぜる

仕上げ　**ディル**（好みで）…… **適量**

**フライパンに 1 ～ 3 の順に入れ、
ふたをして、弱めの中火で 12 分ほど蒸し煮にする。
器に盛り、仕上げにディルをのせる。**

note　ミートボールの代わりにソーセージやブロックベーコンでもOK。

塩昆布でうまみをプラス！
ベーコンの塩けとレモンがよく合います。

ベーコンとキャベツのレモン蒸し煮

step

1

2

材料（2人分）

step 1

- キャベツ …… 大 1/4 個
  ▷大きめのひと口大に切る
- 塩昆布 …… 10g
- 塩 …… ひとつまみ

step 2

- ベーコン …… 5 枚
  ▷半分に切る
- レモン（輪切り）…… 4 枚
- 水 …… 大さじ 2

**フライパンに 1、2 の順に入れ、
ふたをして、中火で 6 分ほど蒸し煮にする。**

note　ベーコンの代わりに豚バラ薄切り肉でもOK。その場合は塩適量で味を調えてください。

ソーセージともやしの マスタードバター蒸し煮

下準備から加熱まで、あっという間に作れます。
粒マスタードがくせになるおいしさ。

step

1

2

材料（2人分）

- もやし …… 大1袋（250g）
- ウインナソーセージ …… 6本

▷斜め薄切りにする

- A　粒マスタード、水 …… 各大さじ1
  しょうゆ …… 小さじ1
  塩 …… 小さじ1/4

▷混ぜる

- バター …… 15g

フライパンに1、2の順に入れ、
ふたをして、中火で5分ほど蒸し煮にする。

鮭ときのこの
ゆずこしょう蒸し煮

鮭をしっとり蒸し上げつつ、
そのうまみを下に敷いたきのこが吸収。
ぴりっとゆずこしょうを効かせて、最後にすだちをのせれば、
あと味はさっぱりします。

step 1

材料（2人分）

- えのきたけ …… 1袋
  ▷根元を切ってほぐす
- まいたけ …… 1パック
  ▷食べやすい大きさにほぐす
- しいたけ …… 3枚
  ▷薄切りにする

2

- 生鮭（切り身）…… 2切れ
  ▷塩小さじ 1/4 をふって 5 分ほどおき、水けを拭く

3

- A
  - 水 …… 大さじ 4
  - 酒、みりん …… 各大さじ 1
  - 砂糖 …… 小さじ 1
  - ゆずこしょう …… 小さじ 2/3
  - 塩 …… ふたつまみ
  - 片栗粉 …… 少々

  ▷混ぜる

仕上げ　すだち（輪切り）…… 適量

フライパンに 1 ～ 3 の順に入れ、
ふたをして、中火で 7 分ほど蒸し煮にする。
器に盛り、仕上げにすだちをのせる。

note　すだちの代わりにレモンでもOK。

火を通しすぎずにレタスの食感を残すのが
おいしく作るこつ。

あさりとレタスの酒蒸し　オイスターだれ

step

1

2

材料（2人分）

- あさり（砂抜き済み）…… 300g
  ▷殻同士をこすり合わせて洗う

- レタス …… 2/3 個
  ▷大きめのひと口大にちぎる
- 酒 …… 大さじ 2

〈 オイスターだれ 〉
オイスターソース、ごま油 …… 各小さじ 2
酢 …… 小さじ 1/2
▷混ぜる

フライパンに 1、2 の順に入れ、
ふたをして、中火であさりの殻が開くまで
4 分ほど蒸し煮にする。
器に盛り、オイスターだれをかける。

note
あさりは火が通りやすいように下に入れます。

材料（2人分）

- **いか …… 小2はい**
  ▷足を抜いて軟骨を取り、胴は皮をむいて幅1cmの輪切りにする。足はわたとくちばしを取って2本ずつに切り分ける

- **にんにく …… 2かけ**
  ▷みじん切りにする
- **A** | **赤唐辛子**（小口切り）**…… 1/2本分**
  酒、水 …… 各大さじ1
  ナンプラー …… 小さじ2
  ▷混ぜる

（仕上げ）
- **香菜**（ざく切り）**…… 適量**
- **ディル …… 4本** ▷葉を摘む

フライパンに1、2の順に入れ、
ふたをして、中火で3分ほど蒸し煮にする。
器に盛り、仕上げに香菜とディルを混ぜてのせる。

note
ディルがない場合は香菜の量を増やしましょう。

エスニック蒸しいか

ハーブの香りがたまらないおかず。
ビールや白ワインにもよく合います。

副菜も材料入れて煮るだけ！

ジャーマン蒸しポテト

材料（2人分）

じゃがいも …… 2個
▶厚さ1cmの半月切りにして水にさっとさらし、水けをきる

A
- にんにく（すりおろし）…… 少々
- マヨネーズ …… 大さじ2
- 粒マスタード …… 小さじ2
- 塩 …… 小さじ1/3

玉ねぎ …… 1/4個　▶薄切りにする

ベーコン …… 3枚　▶幅5mmに切る

水 …… 大さじ5

1 フライパンにじゃがいもとAを入れて混ぜ、広げる。玉ねぎ、ベーコンの順にのせ、水をふる。

2 ふたをして、中火で7分ほど蒸し煮にする。

ブロッコリーのアンチョビー蒸し煮

材料（2人分）

ブロッコリー …… 小１株（正味200g）
　▶茎を長めにつけて小房に分ける
塩 …… ひとつまみ
アンチョビー（フィレ）…… ２枚
　▶粗みじん切りにする
水 …… 大さじ３
粗びき黒こしょう …… 適量
オリーブオイル …… 小さじ 1/2

1 フライパンにブロッコリーを入れ、塩をふり、アンチョビーを散らして、水をふる。

2 ふたをして、中火で４分ほど蒸し煮にする。ふたを取り、水分を飛ばしながらざっくり混ぜる。

3 器に盛り、粗びき黒こしょうをふって、オリーブオイルをかける。

小松菜のにんにくバター蒸し煮

材料（2人分）

小松菜 …… 200g　▶長さ5cmに切る
塩 …… 小さじ 1/4
にんにく …… １かけ　▶薄切りにする
バター …… 10g
水 …… 小さじ１
しょうゆ …… 小さじ１

1 フライパンに小松菜を入れ、塩をふり、にんにくを散らす。バターをのせ、水をふる。

2 ふたをして、中火で３分ほど蒸し煮にする。

3 器に盛り、しょうゆをかける。

蒸しなすの甘酢だれ

材料（2人分）

なす …… 2本
▶縦6等分に切る
しらす干し …… 大さじ2
水 …… 大さじ5
甘酢だれ
| しょうゆ …… 大さじ1
| 酢、砂糖、ごま油 …… 各小さじ2
▶混ぜる

1 フライパンになすを入れ、しらすを散らし、水をふる。

2 ふたをして、中火で5分ほど蒸し煮にする。

3 器に盛り、甘酢だれをかける。

蒸しレタスのおかかオリーブじょうゆ

材料（2人分）

レタス …… 大1/2個
▶手で大まかに割る
水 …… 大さじ3
削り節 …… 小1袋（3g）
A | オリーブオイル、しょうゆ …… 各大さじ1/2
▶混ぜる

1 フライパンにレタスを入れ、水をふる。

2 ふたをして、中火で4分ほど蒸し煮にする。

3 器に盛り、削り節をのせ、Aをかける。

あさりとミニトマトの洋風酒蒸し

材料（2人分）

あさり（砂抜き済み）…… 300g
　▶殻同士をこすり合わせて洗う
ミニトマト …… 8個
酒 …… 大さじ2
オリーブオイル …… 大さじ1
粉チーズ …… 適量

1 フライパンにあさりとミニトマトを入れ、酒とオリーブオイルをふる。

2 ふたをして、中火であさりの殻が開くまで4分ほど蒸し煮にする。

3 器に盛り、粉チーズをふる。

かぶのだし蒸し煮

材料（2人分）

かぶの根 …… 2個分
　▶横半分に切る
生ハム …… 4枚
かぶの葉 …… 2個分
　▶長さ5cmに切る
A｜だし汁 …… 150mℓ
　｜みりん …… 大さじ1
　｜塩 …… 小さじ1/2
　▶混ぜる

1 フライパンにかぶの根を入れ、生ハムをのせる。あいたところにかぶの葉を入れ、Aを加える。

2 ふたをして、中火で10分ほど蒸し煮にする。

長ねぎとベーコンのオイル蒸し煮

材料（2人分）

長ねぎ……2本
▶長さ5cmに切る
塩……小さじ1/4
ベーコン……2枚
▶粗みじん切りにする
オリーブオイル……大さじ1
水……大さじ4

1 フライパンに長ねぎを入れ、塩をふり、ベーコンを散らす。オリーブオイルをかけ、水をふる。

2 ふたをして、中火で6分ほど蒸し煮にする。

note
ベーコンの代わりにハムを使用してもOK。

大豆のホットマリネ

材料（2人分）

大豆（ドライパック）……100g
紫玉ねぎ……1/2個
▶横半分に切ってから縦薄切りにする
A
オリーブオイル……大さじ3
白ワインビネガー（または酢）……大さじ1と1/2
塩……小さじ1/3
こしょう……少々
▶混ぜる
イタリアンパセリ（あれば）……適量
▶粗く刻む

1 フライパンに大豆と紫玉ねぎを入れ、Aを回しかける。

2 ふたをして、中火で3分ほど蒸し煮にする。

3 器に盛り、イタリアンパセリを散らす。

note　紫玉ねぎの代わりに普通の玉ねぎ、イタリアンパセリの代わりにパセリを使用してもOK。

ソーセージとキャベツのオイル蒸し煮

材料（2人分）

キャベツ …… 1/4 個
▶短めの細切りにする

白いんげん豆（水煮）…… 100g
▶汁けをきる

ロングソーセージ …… 4 本
▶浅い切り目を斜めに入れる

ローリエ …… 1 枚

A｜オリーブオイル …… 大さじ 2
｜水 …… 大さじ 1/2
｜塩 …… 小さじ 1/3
▶混ぜる

粒マスタード …… 適量

1 フライパンにキャベツ、白いんげん豆の順に入れる。ソーセージとローリエをのせ、A を回しかける。

2 ふたをして、中火で 5 分ほど蒸し煮にする。

3 器に盛り、粒マスタードを添える。

note　ロングソーセージはウインナソーセージ 6 本で代用できます。

オクラとひよこ豆のサブジ

材料（2人分）

オクラ …… 8 本
▶塩適量をふってこすり合わせ、洗ってがくをむき、斜め半分に切る

ひよこ豆（ドライパック）…… 100g

A｜カレー粉 …… 小さじ 1
｜クミンシード …… 小さじ 1/2
｜塩 …… 小さじ 1/4

オリーブオイル …… 大さじ 1

水 …… 大さじ 5

1 フライパンにオクラとひよこ豆を入れ、A をふる。オリーブオイルをかけ、水をふる。

2 ふたをして、中火で 4 分ほど蒸し煮にする。

2、しっかり煮込み

◎ 加熱時間はちょっと長いけど抜群においしい
◎ 深い味わいと贅沢な食感
◎ おもてなしにも使えるごちそうレシピ

鶏手羽元とれんこんの黒酢しょうが煮

なんという豪快なビジュアル！　もちろん鶏肉もおいしいのですが、
味がよくしみたれんこんが、食感でも味わいでも主役級の大活躍です。
オーソドックスな甘塩っぱい調味に、黒酢を加えてさっぱりと仕上げています。

step

1

材料（2人分）

- れんこん …… 280g
  ▷厚さ 2.5㎝の輪切りにし、水にさっとさらして水けをきる

2

- 鶏手羽元 …… 6本
  ▷骨に沿って切り込みを入れる

3

- しょうが …… 2かけ
  ▷皮つきのまま薄切りにする
- A｜黒酢、しょうゆ、酒、砂糖 …… 各大さじ3
  ▷混ぜる
- 水 …… 250㎖

鍋に 1〜3 の順に入れ、落としぶたをしてさらにふたをし、
弱めの中火で 40 分ほど煮る。

鶏肉の
ハニーバルサミコ酢煮

じっくりと火を通した鶏肉はほろほろとした食感に！
はちみつとビネガーで味つけして、
ドライプルーンを入れれば、ごちそう感ある
奥深い甘酸っぱさになります。

step

1

材料（2人分）

- 玉ねぎ …… 1個
  ▷4等分の輪切りにする
- さやいんげん …… 8～10本
- にんにく …… 2かけ
  ▷縦半分に切ってつぶす

2

- 鶏もも肉 …… 大1枚（300g）
  ▷4等分に切る

3

- ドライプルーン（種抜き）…… 6個
- A｜バルサミコ酢 …… 大さじ3
  ｜はちみつ …… 大さじ2
  ｜しょうゆ、砂糖 …… 各大さじ1/2
  ｜塩 …… 小さじ1/2
  ▷混ぜる
- 水 …… 200㎖

鍋に1～3の順に入れ、
落としぶたをしてさらにふたをし、
弱めの中火で30分ほど煮る。

蒸しゆでよだれ鶏

step

1

材料（2人分）

- 鶏もも肉 …… 大1枚（300g）
  ▷筋を切り、塩小さじ1/3、
  こしょう少々をすり込む
- 水 …… 100㎖
- 酒 …… 大さじ2

〈 香味だれ 〉

しょうが（みじん切り）…… 2かけ分
にんにく（みじん切り）…… 1/2かけ分
しょうゆ …… 大さじ2
鶏肉のゆで汁、黒酢（または酢）、
ごま油 …… 各大さじ1
砂糖 …… 小さじ2
花《ホア》椒《ジャオ》粉《フェン》（好みで）…… 小さじ2/3
ラー油、豆板醤 …… 各小さじ1/2

▷混ぜる

（仕上げ）

- ピーナッツ（無塩）…… 適量
  ▷粗く刻む
- 香菜（ざく切り）…… 適量

鍋に1を入れ（鶏肉は皮目を下にする）、ふたをして、
弱めの中火で15分ほど蒸し煮にする。食べやすく切って器に盛り、
香味だれをかけ、仕上げにピーナッツと香菜をのせる。

鶏肉とごぼうの参《サム》鶏《ゲ》湯《タン》風煮込み

手近な材料で気軽に作れるようアレンジしました。骨つき肉だとうまみが出て抜群においしいです。

step

材料（3～4人分）

1

- **ごぼう** …… **大1/2本**（100g）
  ▷幅5㎜の斜め切りにして水にさっとさらし、水けをきる
- **精白米** …… **大さじ2**

2

- **鶏もも骨つき肉**（水炊き用）…… **600g**
  ▷塩小さじ1と1/4をすり込む
- **にんにく** …… **1かけ**
  ▷薄切りにする
- **しょうが** …… **1/2かけ**
  ▷薄切りにする
- **水** …… **800㎖**
- **酒** …… **50㎖**

鍋に1、2の順に入れ、ふたをして、弱めの中火で30分ほど煮る。

note　精白米は洗わずに使用してOK。

鶏肉と大根のこっくり煮

王道の和食の家庭料理なので、
やはり味の決め手はだし。
昆布を入れて煮込むことで、深い味わいが醸し出されます。
じっくり加熱したおかげで鶏肉も大根もほろほろの食感。
ご飯にのせつつ、おいしくいただきましょう。

step

1

材料（2～3人分）

- 大根 …… 1/2 本（500g）
  ▷厚さ 2㎝の半月切りにする

2

- 昆布 …… 5 × 8㎝ 1 枚
  ▷幅 1㎝に切る

3

- 鶏もも肉 …… 大 1 枚（300g）
  ▷大きめのひと口大に切る
- A｜しょうゆ …… 大さじ 3
  　｜みりん …… 大さじ 2
  　｜砂糖 …… 大さじ 1
  ▷混ぜる
- 水 …… 250㎖

鍋に 1 ～ 3 の順に入れ、
落としぶたをしてさらにふたをし、
弱めの中火で 40 分ほど煮る。

note　昆布は直火でさっとあぶると切りやすくなります。

塩豚とにんじんのレンズ豆煮込み

うまみのかたまりであるレンズ豆は、
具材であるとともにソースの一部でもある存在。
やわらかく仕上がった塩豚によくからめて召し上がれ。
最後はパンでぬぐって煮汁までいただいてしまいましょう。
豚肩ロース肉の下味の処理だけは前日のうちに済ませておいてください。

step

1

材料（3～4人分）

- 玉ねぎ …… 1/2 個
  ▷粗みじん切りにする
- にんにく …… 1 かけ
  ▷みじん切りにする
- レンズ豆（乾燥）…… 70g
  ▷ざるに入れ、さっと洗って水けをきる
- オリーブオイル …… 大さじ 1

2

- 豚肩ロース肉（ブロック）…… 500g
  ▷塩、砂糖各小さじ 2 をすり込み、
  ポリ袋に入れて冷蔵室でひと晩おき、
  ペーパータオルで水けを拭く

3

- にんじん …… 2 本（300g）
  ▷縦半分に切る
- タイム（あれば）…… 7～8 本
- 水 …… 600㎖

（仕上げ） 塩 …… 少々

鍋に 1 を入れて混ぜ、2、3 の順に加え、
ふたをして、弱めの中火で 1 時間ほど煮る。
仕上げに塩で味を調える。
豚肉は食べやすい大きさに切ってから器に盛る。

豚スペアリブの中華風煮込み

ふたを開ければふわっと漂う八角の香り！
さらには豆豉のうまみ、唐辛子の辛みが、
お店のように本格的な味を生み出します。
手づかみでかぶりつきましょう。

step

1

材料（4人分）

- 豚スペアリブ …… 700g
  ▷塩小さじ 1/3 をすり込む

2

- 八角 …… 2 個
- 豆《トウ》豉《チ》 …… 大さじ 1
  ▷粗く刻む
- 赤唐辛子 …… 2 本
  ▷種を取る

3

- A ｜しょうゆ …… 大さじ 3
  ｜酒、砂糖 …… 各大さじ 2
  ▷混ぜる
- 水 …… 400㎖

（仕上げ）

- 長ねぎ …… 適量
  ▷せん切りにして水にさらし、水けをきる

鍋に 1 ～ 3 の順に入れ、
落としぶたをしてさらにふたをし、
弱めの中火で 1 時間ほど煮る。
仕上げに長ねぎをのせる。

note　豚スペアリブの代わりに大きめのひと口大に切った豚バラ肉（ブロック）450gでもOK。

豚バラと大根のオイスター煮込み

多めのにんにくでメリハリを利かせています。
味のしみた大根、やわらかな豚肉が美味！

step

1

2

鍋に 1、2 の順に入れ、
落としぶたをしてさらにふたをし、
弱めの中火で 40 分ほど煮る。

材料（4人分）

- **大根** …… **大 1/3 本**（400g）
  ▷長さ5cmに切ってから縦 6 等分に切る
- **パプリカ**（赤）…… **1 個**
  ▷縦 4 等分に切る

- **豚バラ薄切り肉** …… **250g**
  ▷長さを半分に切る
- **にんにく** …… **2 かけ**
  ▷縦半分に切ってつぶす
- **A** | **オイスターソース** …… **大さじ 2 と 1/2**
  砂糖、しょうゆ、酒 …… **各大さじ 1**
  ▷混ぜる
- **水** …… **300mℓ**

note　豚バラ薄切り肉の代わりに鶏もも肉でもOK。

材料（3 ～ 4人分）

step 1

- 豚バラ肉（ブロック）…… 500g
  ▷ 6 等分に切る
- 干ししいたけ …… 4 枚
  ▷ぬるま湯300mℓに 1 時間 30 分以上つけて戻し、半分に切る（戻し汁200mℓは 2 で使う）

2

- ピーマン …… 5 個
  ▷まな板に押しつけてつぶす
- A
  - 酒 …… 大さじ 3
  - しょうゆ、砂糖 …… 各大さじ 2
  - 黒酢、オイスターソース …… 各大さじ 1
  - 五香粉《ウーシャンフェン》 …… 小さじ 1

  ▷混ぜる
- 干ししいたけの戻し汁 …… 200mℓ
- 水 …… 300mℓ

鍋に 1 、2 の順に入れ、
落としぶたをしてさらにふたをし、
弱めの中火で 1 時間ほど煮る。

ピーマンはまるごと鍋へ！
台湾の夜市で食べる料理のような
異国情緒あふれる一品です。

豚バラとピーマンの台湾風煮込み

ひき肉とキャベツの重ね煮

ロールキャベツを重ね煮にアレンジ！
簡単になった上に、豪快な見た目は
普段のおかずのみならず、
ホームパーティーでも映える料理。

step

1

材料（4人分）

- キャベツ …… 大 1/2 個
  ▷葉をはがして半分に切り、
  太い芯はそぎ落とす
- 片栗粉 …… 適量

↓　　↑×2

2

- ひき肉だね
  - 合いびき肉 …… 300g
  - 卵 …… 1 個
  - 玉ねぎ（みじん切り）…… 1/2 個分
  - パン粉 …… 15g
  - 牛乳 …… 大さじ 3
  - 塩 …… 小さじ 1/2
  - こしょう …… 少々

  ▷ボウルに入れ、粘りが出るまで混ぜる

↓

3

- 残りのキャベツ
- ローリエ …… 1 枚
- A
  - 水 …… 500㎖
  - 洋風スープの素（顆粒）…… 大さじ 1
  - 塩、こしょう …… 各少々

  ▷混ぜる

鍋に 1 の 1/3 量、2 の 1/2 量の順に 2 回繰り返して入れ、3 を加えて、高さが 7 ～ 8㎝になるよう手で押さえて整える。ふたをして、弱めの中火で 30 分ほど煮る。

note
- キャベツは手で押さえて浮かないようにしましょう。
- キャベツの代わりに白菜でもOK。

ラムとひよこ豆のトマト煮

特別な日のごちそうメニュー。
この調理法なら、作っているあいだに
ほかの料理もぱぱっと作れます。
クミンやパプリカパウダーが味の決め手。

step

1

材料（4人分）

- ラムチョップ …… 4本（400g）
  ▷Aをふる
  A | 塩 … 小さじ2/3
  クミンパウダー（あれば） … 小さじ1/4
  粗びき黒こしょう … 少々
- ひよこ豆（ドライパック） …… 100g
- にんにく …… 2かけ
  ▷薄切りにする

2

- キャベツ …… 1/3個
  ▷大きめのひと口大に切る

3

- ローリエ …… 1枚
- B | ホールトマト缶 …… 1缶（400g）
  ▷粗くつぶす
  水 …… 250㎖
  パプリカパウダー …… 小さじ1
  ▷混ぜる

（仕上げ）

- オリーブオイル …… 大さじ1

鍋に1～3の順に入れ、
ふたをして、弱めの中火で30分ほど煮る。
仕上げにオリーブオイルを回し入れ、混ぜる。

ベーコンの
重ね煮ラタトゥイユ

材料（4人分）

step

1

- 玉ねぎ …… 1個
  ▷ 2㎝四方に切る
- ズッキーニ …… 1本
  ▷厚さ 1㎝の輪切りにする
- なす …… 3本
  ▷ひと口大の乱切りにする
- パプリカ（黄）…… 1個
  ▷ 2㎝四方に切る
- トマト …… 2個
  ▷ひと口大に切る
- にんにく …… 1かけ
  ▷みじん切りにする
- オリーブオイル …… 大さじ3
- 塩 …… 小さじ1

2

- ベーコン …… 6枚

鍋に 1 を入れてざっと混ぜ、2 をのせる。
ふたをして、弱めの中火で 15 分ほど蒸し煮にする。

note　ベーコンの代わりにソーセージでもOK。もしくは肉類なしでも。

たくさんの野菜を、ベーコンのうまみがまとめます。
基本的には夏の料理ですが、
今ある野菜で自由にアレンジしてください。
野菜の種類が多いほうが味わいが複雑になって、
料理としておもしろくなります。

おつまみも材料入れて煮るだけ!

にんにく蒸し枝豆

材料（作りやすい分量）

枝豆 …… 150g

▶キッチンばさみで片側を少し切り落とし、こすり合わせて洗う

にんにく …… 1かけ

▶粗みじん切りにする

A
- 塩 …… 小さじ1/2
- 赤唐辛子（小口切り）…… 1本分
- ごま油 …… 大さじ1
- 水 …… 150mℓ

1 フライパンに枝豆とにんにくを入れ、Aを順に加える。

2 ふたをして、中火で10分ほど蒸し煮にする。

蒸しささ身のしそわさび串

材料（2人分）

鶏ささ身（筋なし）…… 4本（200g）
　▶竹串に1本ずつ刺し、塩小さじ1/3をふる
水 …… 大さじ4
練りわさび …… 適量
青じそ（せん切り）…… 適量

1 フライパンにささ身を並べ、水をふる。

2 ふたをして、弱めの中火で6分ほど蒸し焼きにする。

3 器に盛り、わさびを塗って、青じそをのせる。

はんぺんの赤しそバター蒸し

材料（2人分）

はんぺん …… 大1枚
赤しそふりかけ …… ひとつまみ
水 …… 大さじ2
バター …… 10g

1 フライパンにはんぺんを入れ、赤しそふりかけをかけて水をふる。

2 ふたをして、中火で5分ほど蒸し煮にする。

3 器に盛り、バターをのせる。

厚揚げチリソース

材料（2人分）

A｜長ねぎ（粗みじん切り）…… 1/4 本分
　｜にんにく（みじん切り）…… 1/3 かけ分
　｜トマトケチャップ …… 大さじ 2
　｜砂糖、ごま油 …… 各大さじ 1/2
　｜豆板醤 …… 小さじ 1/2

厚揚げ …… 1 枚（250g）
　▶小さめのひと口大に切る

水 …… 大さじ 4

1 ボウルに A を入れて混ぜ、厚揚げを加えてからめる。

2 フライパンに **1** を入れ、水をふる。

3 ふたをして、中火で 4 分ほど蒸し煮にする。

しらたきたらこバター

材料（2人分）

しらたき（あく抜き済み）…… 200g
　▶しっかりともみ洗いをしてざるに上げ、押しつけながら水けをきって長さ4㎝に切る

たらこ …… 1 腹（60g）
　▶中身をしごき出す

バター …… 10g

水 …… 大さじ 3

1 フライパンにしらたきとたらこを入れて混ぜ、バターをのせ、水をふる。

2 ふたをして、中火で 5 分ほど蒸し煮にする。

ナンプラー蒸しれんこん

材料（作りやすい分量）

A
- 赤唐辛子（小口切り）…… 1/4本分
- にんにく（すりおろし）…… 少々
- 砂糖 …… 大さじ2
- 酢 …… 大さじ1と1/2
- 水 …… 大さじ1
- ナンプラー …… 小さじ2
- ごま油 …… 少々

れんこん …… 120g
▶薄い輪切りにし、水にさっとさらして水けをきる

1 フライパンにAを入れて混ぜ、れんこんを加える。

2 ふたをして、中火で5分ほど蒸し煮にする。

中華高菜蒸し豆腐

材料（2人分）

絹ごし豆腐 …… 1丁（300g）
▶4等分に切る
ごま高菜漬け（カットタイプ）…… 大さじ1
水 …… 大さじ4
ごま油 …… 大さじ1
オイスターだれ
- オイスターソース、しょうゆ、水 …… 各小さじ1
- 粗びき黒こしょう …… 少々

▶混ぜる

1 フライパンに豆腐を並べ、高菜漬けをのせ、水とごま油をふる。

2 ふたをして、中火で6分ほど蒸し煮にする。

3 器に盛り、オイスターだれをかける。

note 細切りにしたハムを加えてもおいしいです。

3、麺とご飯

◎ 麺／ご飯とその他の材料を一度に調理

◎ この一品で十分な満足度

◎ 休日のランチなどに
ちょうどいいレシピ

ソーセージとトマトの
チーズ辛うどん

冷凍うどんは下ゆで不要でそのまま入れてしまってOK！
辛みをチーズのまろやかさで中和してくせになる味に。

材料（2人分）

- 冷凍うどん …… 2玉

- トマト …… 2個
  ▷6等分のくし形切りにする

- ウインナソーセージ …… 4本
  ▷斜め薄切りにする
- A
  にんにく（すりおろし）…… 1/2かけ分
  水 …… 700mℓ
  コチュジャン …… 大さじ2
  しょうゆ、みそ …… 各大さじ1と1/2
  鶏がらスープの素（顆粒）…… 大さじ1/2
  ごま油、粉唐辛子 …… 各小さじ1
  ▷混ぜる

（仕上げ）
- スライスチーズ …… 2枚
  ▷半分に折る

フライパンに1～3の順に入れ、ふたをして、中火で12分ほど煮る。器に盛り、仕上げにチーズをのせる。

note
- 水分量が多いので深めのフライパンがちょうどよいです。
- 粉唐辛子小さじ1の代わりに一味唐辛子少々でもOK。

豚しゃぶみぞれ蒸しうどん

ゆずが香ばしいあったかなうどん。
お好みで細ねぎなどを追加しても。

step

1

2

フライパンに 1、2 の順に入れ、
ふたをして、
中火で 7 分ほど蒸し煮にする。
器に盛り、つゆをかけ、
仕上げにゆずの皮をのせる。

材料（2人分）

1
- **冷凍うどん** …… **2 玉**

2
- **豚ロース薄切り肉**（しゃぶしゃぶ用）
　…… **120g**
- **大根** …… **1/5 本**（200g）
　▷すりおろしてざるに上げ、汁けをきる
- **水** …… **100㎖**

〈 つゆ 〉
めんつゆ（3 倍濃縮）…… **大さじ 3**
熱湯 …… **130㎖**
▷混ぜる

仕上げ　**ゆずの皮**（あれば・せん切り）
…… **適量**

note　豚肉はももやバラなど、好みの部位でOK。
火はしっかり通してください。

step 1

2

材料（2人分）

- 冷凍そば …… 2玉

- えのきたけ …… 1袋
  ▷根元を切り、半分に切ってほぐす
- しいたけ …… 3枚
  ▷薄切りにする
- なめこ …… 1袋
  ▷さっと洗って水けをきる
- A めんつゆ（3倍濃縮） …… 大さじ6
  水 …… 600mℓ
  ▷混ぜる

（仕上げ）

- 細ねぎ（小口切り） …… 適量

note きのこは好みのものに替えても OK。

フライパンに 1、2 の順に入れ、ふたをして、中火で 12 分ほど煮る。器に盛り、仕上げに細ねぎをのせる。

きのこそば

たっぷりのきのこの香りと味わい！
冷凍うどんで作ってもおいしいです。

ハムと長ねぎの塩あえそば

ごま油でこってり、レモンでさっぱり。
調味のバランスで、
食べごたえとあと味のよさを両立しました。
ハムで手軽に作れるのもうれしいところ。
よく混ぜてから召し上がれ。

step

1

材料（2人分）

- 冷凍そば …… 2玉
- A｜水 …… 100mℓ
  レモン果汁 …… 大さじ2
  ごま油 …… 大さじ1
  塩 …… 小さじ1と1/4

▷混ぜる

2

- 長ねぎ …… 1本

▷縦半分に切ってから斜め薄切りにし、水にさらして水けをきる

- ハム …… 5枚

▷幅5㎜に切る

仕上げ

- 粗びき黒こしょう …… 適量
- レモン（くし形切り）…… 2切れ

フライパンに1を入れ、
ふたをして、中火で5分ほど蒸し煮にする。
2をのせて混ぜ、器に盛り、
仕上げに粗びき黒こしょうをふって、レモンを添える。

牛肉とパプリカの
キムチ蒸し焼きそば

牛肉とキムチでがっつりスタミナ麺！
パプリカの甘みと食感がアクセントになっていますが、
なければ冷蔵庫にある野菜で OK。
キムチの味が全体をしっかりまとめてくれるので、
間違いなくおいしく作れます。

材料（2人分）

- 中華蒸し麺（焼きそば用）…… 2 玉

- 豆もやし …… 1 袋（200g）
- パプリカ（赤）…… 1/3 個
  ▷細切りにする
- 白菜キムチ（カットタイプ）…… 100g

- 牛切り落とし肉 …… 120g
  ▷Aをもみ込む
  A｜にんにく（すりおろし）… 少々
  　｜しょうゆ … 大さじ 1 と 1/2
  　｜ごま油 … 大さじ 1
  　｜砂糖 … 大さじ 1/2
- 水 …… 大さじ 3

仕上げ　いりごま（白）…… 適量

フライパンに 1 ～ 3 の順に入れ、
ふたをして、中火で 7 分ほど蒸し焼きにする。
ふたを取り、水分を飛ばしながらざっと混ぜる。
器に盛り、仕上げにごまをふる。

note　冷凍うどんで作ってもおいしいです。その場合は水の量を100mℓにし、様子を見ながら加熱してください。

えびのエスニック蒸し焼きそば

タイ風のあえ麺も気軽に作れます！
甘塩っぱい味は暑い季節にぴったり。

材料（2人分）

step 1

2

- 中華蒸し麺（焼きそば用）…… 2 玉

- 玉ねぎ …… 1/2 個
  ▷縦に幅1cmに切る
- むきえび …… 150g
  ▷背わたを取り、塩少々をふる
- A ｜ 水 …… 大さじ 3
  酢、ナンプラー、オイスターソース …… 各大さじ 1
  砂糖 …… 大さじ 1/2
  ▷混ぜる

（仕上げ）
- 香菜（ざく切り）…… 適量
- レモン（半月切り）…… 2 切れ

フライパンに 1、2 の順に入れ、
ふたをして、中火で 7 分ほど蒸し焼きにする。
ふたを取り、水分を飛ばしながらざっと混ぜる。
器に盛り、仕上げに香菜をのせ、レモンを添える。

ソーセージと小松菜の和風蒸し焼きそば

step 1

材料（2人分）

- **中華蒸し麺**（焼きそば用）…… **2玉**

2

- **小松菜 …… 150g**
  ▷長さ5㎝に切る
- **ウインナソーセージ …… 5本**
  ▷斜め薄切りにする
- **A**
  しょうゆ、みりん、水 …… 各大さじ2
  酒 …… 大さじ1
  ▷混ぜる

フライパンに1、2の順に入れ、
ふたをして、中火で7分ほど蒸し焼きにする。
ふたを取り、水分を飛ばしながらざっと混ぜる。

note
小松菜は茎、葉の順にのせると均一に火が通ります。

ベーコンとマッシュルームのトマトパスタ

パスタだってOK！
ペンネなどのショートパスタで作りましょう。

材料（2人分）

step 1

- **ホールトマト缶** …… **1缶**（400g）
- **水** …… **400㎖**
- **塩** …… **小さじ2/3**

2

- **ショートパスタ**（ペンネなど）…… **120g**
- **マッシュルーム** …… **100g**
  ▷薄切りにする
- **ベーコン** …… **4枚**
  ▷幅1cmに切る

（仕上げ）
- **オリーブオイル** …… **大さじ1**
- **粉チーズ** …… **適量**

鍋に1を入れ、トマトを粗くつぶしながら混ぜ、2を加えてさらに混ぜる。
ふたをせずに弱めの中火でときどき混ぜながら20分ほど煮る。
仕上げにオリーブオイルを加えてよく混ぜ、器に盛り、粉チーズをかける。

note
- ペンネは10分ゆでのものを使用。ほかのショートパスタでもOK。
- パスタがくっつきやすいのでふたはせず、途中で混ぜるのがポイント。

さば缶とごぼうの和風パスタ

うまみたっぷりのさば缶がおいしくしてくれます。
仕上げは青じそでさっぱりと。

材料（2人分）

step 1

- にんにく …… 少々
  ▷すりおろす
- 水 …… 450mℓ
- しょうゆ、みりん …… 各大さじ 2

2

- ショートパスタ（マカロニなど）…… 120g
- さば水煮缶 …… 1 缶（約 200g）
  ▷缶汁をきって粗くほぐす
- ごぼう …… 1/2 本（80g）
  ▷ささがきにして水にさっとさらし、水けをきる

（仕上げ）
- オリーブオイル …… 大さじ 1
- 青じそ（せん切り）…… 適量

鍋に 1 を入れて混ぜ、2 を加えてさらに混ぜる。
ふたをせずに弱めの中火でときどき混ぜながら 20 分ほど煮る。
仕上げにオリーブオイルを加えてよく混ぜ、器に盛り、青じそをのせる。

note
- マカロニは 10 分ゆでのものを使用。ペンネやフジッリでもOK。
- 水分が多い場合は、オリーブオイルを加える前に加熱して、少し飛ばしましょう。

ベーコンとアスパラのカルボナーラ風ご飯

ご飯と一緒に食材を入れて煮れば、
リゾット風の料理が作れます。
卵をくずしながら召し上がれ。

step

1

材料（2人分）

- A
  - にんにく（すりおろし）…… 少々
  - 牛乳 …… 200mℓ
  - 水 …… 150mℓ
  - 粉チーズ …… 大さじ 3
  - 洋風スープの素（顆粒）…… 小さじ 1
  - 塩 …… 小さじ 1/4

  ▷混ぜる
- 温かいご飯 …… 200g

2

- グリーンアスパラガス …… 3 本

  ▷根元の硬い部分はピーラーで皮をむき、幅5mmの斜め切りにする
- ベーコン …… 3 枚

  ▷幅1cmに切る

3

- 卵白 …… 2 個分

  ▷溶きほぐす

（仕上げ）
- 卵黄 …… 2 個分
- 粗びき黒こしょう …… 適量

鍋に 1 を入れて混ぜ、2 をのせる。
ふたをして、中火で 6 分ほど煮る。
3 を加え、とろっとするまで混ぜる。
器に盛り、仕上げに卵黄をのせ、粗びき黒こしょうをふる。

ソーセージとキャベツのスープご飯

step

1

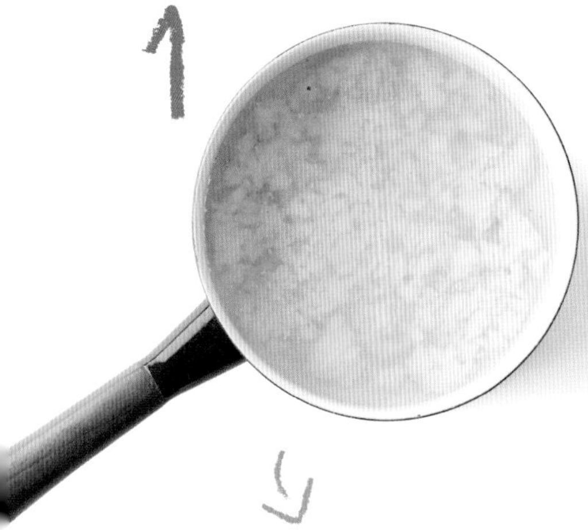

材料（2人分）

- A 水 …… 400mℓ
  洋風スープの素（顆粒）…… 小さじ1
  塩 …… 小さじ2/3
  こしょう …… 少々
  ▷混ぜる
- 温かいご飯 …… 200g
  ▷ざるに入れてさっと洗い、水けをしっかりきる

2

- キャベツ …… 葉2枚
  ▷2㎝四方に切る
- ウインナソーセージ …… 4本
  ▷厚さ5㎜の小口切りにする

（仕上げ） ピザ用チーズ …… 30g

鍋に1を入れて混ぜ、2をのせる。
ふたをして、中火で8分ほど煮る。
器に盛り、仕上げにチーズをのせ、余熱で溶かす。

note キャベツの代わりにパプリカやにんじんでもOK。

汁けのある洋風の雑炊です。
ごくごくシンプルな味つけですが、
ほっとする味で何度も食べたくなります。
けっこうお腹がふくれますので食べ過ぎ注意！

たらこみそ雑炊

朝ごはんやお酒の〆にぴったり。
かぶの根も葉もフル活用できるレシピです。

材料（2人分）

step

1

- A｜だし汁 …… 400㎖
  みそ …… 大さじ 2
  ▷溶き混ぜる
- 温かいご飯 …… 200g
- かぶの根 …… 小 2 個分
  ▷厚さ 1㎝のくし形切りにする
- たらこ …… 1 腹（60g）
  ▷中身をしごき出し、
  1/4 量は仕上げ用に取り分ける

2

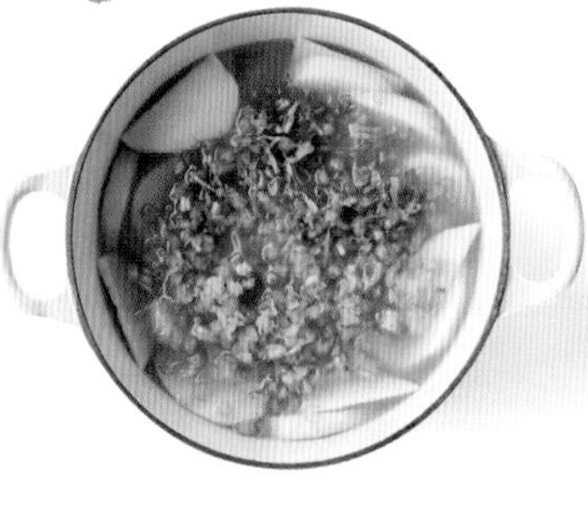

- かぶの葉 …… 小 2 個分
  ▷幅5㎜に切る

鍋に 1 を入れて混ぜ、2 をのせる。
ふたをして、中火で 8 分ほど煮る。
器に盛り、仕上げにたらこをのせる。

note

仕上げに刻みのりをのせてもおいしいです。

ほたてとレタスの中華雑炊

ほたて缶の缶汁はうまみの宝庫！
最小限の味つけでも、とってもおいしく仕上げてくれます。

材料（2人分）

step 1

- A 水 …… 500mℓ
  鶏がらスープの素（顆粒） …… 小さじ 1
  塩 …… 小さじ 1/2
  こしょう、ごま油 …… 各少々
  ▷混ぜる
- ほたて貝柱水煮缶 …… 大 1 缶（100g）
  ▷缶汁ごと入れる
- 味つきザーサイ …… 30g
  ▷せん切りにする
- 温かいご飯 …… 200g
  ▷ざるに入れてさっと洗い、水けをしっかりきる

2

- レタス …… 葉 2 枚
  ▷ひと口大にちぎる

鍋に 1 を入れて混ぜ、2 をのせる。
ふたをして、中火で 8 分ほど煮る。
仕上げにごま油を回し入れ、混ぜる。

（仕上げ） ごま油 …… 大さじ 1/2

おやつ も材料入れて煮るだけ！

りんごとプルーンのコンポート

材料（作りやすい分量）

A｜水 …… 300mℓ
　｜砂糖 …… 100g
　｜白ワイン …… 50mℓ
　｜レモン果汁 …… 大さじ2
シナモンスティック …… 2本
りんご …… 2個
　▶6等分のくし形切りにして芯を取り、皮をむく
ドライプルーン（種抜き）…… 4個

1 鍋にAを入れて混ぜ、シナモンスティックを加える。りんごを重ならないように並べ、ドライプルーンを散らす。

2 落としぶたをしてさらにふたをし、弱めの中火で20分ほど煮る。ざっくり混ぜて冷まし、冷蔵室で冷やす。

note
・りんごは紅玉がおすすめですが、手に入るものでOK。
・冷ますときに上下を1～2回返すと味が均一になじみます。

さつまいものマーマレード煮

材料（作りやすい分量）

A | 水 …… 250mℓ
　| 砂糖 …… 大さじ 5
　| オレンジマーマレード …… 大さじ 2
　| 塩 …… 少々

さつまいも …… 1 本（300g）
▶皮つきのまま厚さ 1cmの輪切りにして水にさっとさらし、水けをきる

1 鍋に A を入れて混ぜ、さつまいもを加える。

2 落としぶたをしてさらにふたをし、弱めの中火で 13 分ほど煮る。ざっくり混ぜて冷ます。

note

冷ますときに上下を 1 ～ 2 回返すと味が均一になじみます。

4、具だくさんスープ

◎ 野菜たっぷりでとってもヘルシー
◎ あらかじめ炒めるなどの手間はなし
◎ おかずにもなる汁ものレシピ

豚肉とあさりの
ポルトガル風スープ

ポルトガル南部の郷土料理をアレンジしました。
豚肉と貝のうまみが合わさって、極上のおいしさ！

材料（2人分）

step 1

- A | にんにく（すりおろし）…… 少々
  水 …… 400mℓ
  洋風スープの素（顆粒）、
  オリーブオイル、
  パプリカパウダー（あれば）
  …… 各小さじ 1
  塩 …… 小さじ 1/4
  こしょう …… 少々

  ▷混ぜる
- トマト …… 2 個　▷ 2cm角に切る

2

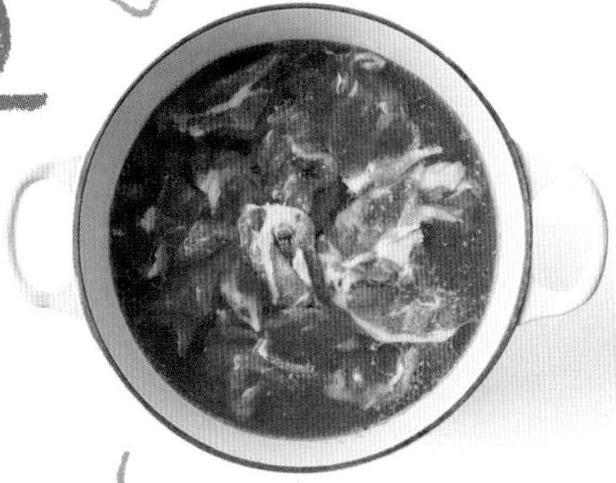

- 豚こま切れ肉 …… 120g
  ▷塩、こしょう各少々をふる

3

- あさり（砂抜き済み）…… 200g
  ▷殻同士をこすり合わせて洗う

（仕上げ）
- イタリアンパセリ …… 適量
  ▷粗く刻む

鍋に 1 ～ 3 の順に入れ、
ふたをして、中火で 8 分ほど煮る。
器に盛り、仕上げにイタリアンパセリを散らす。

材料（2人分）

step 1

2

- A | **にんにく**（すりおろし）…… **少々**
  水 …… **500㎖**
  しょうゆ …… **小さじ 1**
  塩 …… **小さじ 1/3**
  花椒粉《ホアジャオフェン》（好みで）…… **少々**
  ▷混ぜる
- **レタス** …… **葉 2 枚**
  ▷ひと口大にちぎる
- **豆苗** …… **1/2 パック**
  ▷根元を切り落とし、長さを半分に切る

- **ハム** …… **3 枚**　▷細切りにする
- **味つきザーサイ** …… **大さじ 1**
  ▷細切りにする

鍋に 1 、2 の順に入れ、ふたをして、中火で 8 分ほど煮る。

ハム、豆苗、レタスの中華スープ

手近な材料ばかりながら上品な仕上がり。
中華麺を加えてもおいしいです。

豚こまともやしの酸辣湯《サンラータン》

さっぱりしつつも強さのある味！
ラー油の量で辛さは自由に調整を。

step 1

2

材料（2人分）

- A
  - 水 …… 500mℓ
  - 酢 …… 大さじ2
  - しょうゆ …… 大さじ1と1/2
  - 鶏がらスープの素（顆粒） …… 小さじ2
  - 塩 …… 少々

  ▷混ぜる
- もやし …… 1袋（200g）
- しいたけ …… 3枚

  ▷薄切りにする

- 豚こま切れ肉 …… 150g

  ▷塩少々をふり、片栗粉小さじ1をまぶす

鍋に1、2の順に入れ、
ふたをして、中火で8分ほど煮る。
器に盛り、仕上げにラー油をかける。

（仕上げ）
- ラー油 …… 適量

キムチスンドゥブ風スープ

あさりとキムチのうまみで重厚感ある味に。
食べごたえもたっぷり!

鍋に 1、2 の順に入れ、
ふたをして、中火で 10 分ほど煮る。
器に盛り、仕上げに糸唐辛子をのせる。

材料（2人分）

1
- A
  - 水 …… 400㎖
  - しょうゆ …… 小さじ 1
  - 鶏がらスープの素（顆粒）、粉唐辛子 …… 各小さじ 1/2
  - 塩、ごま油 …… 各少々

  ▷混ぜる
- あさり（砂抜き済み）…… 250g

  ▷殻同士をこすり合わせて洗う
- 絹ごし豆腐 …… 小 1 丁（200g）

  ▷ひと口大に切る

2
- 長ねぎ …… 小 1 本

  ▷幅5㎜の斜め切りにする
- 白菜キムチ（カットタイプ）…… 80g

仕上げ
- 糸唐辛子（あれば）…… 適量

step

1

2

材料（2人分）

- にんじん …… 30g
  ▷細切りにする
- 豆もやし …… 1袋（200g）

- 牛切り落とし肉 …… 100g
  ▷Aをもみ込む
  A
  - 玉ねぎ（すりおろし）… 1/8 個分
  - にんにく（すりおろし）… 1/4 かけ分
  - しょうゆ … 大さじ 2
  - コチュジャン … 大さじ 1
  - 砂糖 … 小さじ 1
  - ごま油 … 少々
- にら …… 1/4 束
  ▷長さ5cmに切る
- 水 …… 500mℓ

仕上げ
- いりごま（白）…… 適量

鍋に 1、2 の順に入れ、
ふたをして、中火で 12 分ほど煮る。
器に盛り、仕上げにごまをふる。

ユッケジャンスープ

白いご飯がぱくぱく食べられる味。
具だくさんなのでこれだけでお腹いっぱいに。

ミネストローネ

野菜がたっぷりとれる、イタリアの家庭料理。
トマトとベーコンさえあれば、
冷蔵庫にあるもので代用してしまっても大丈夫です。

step

1

材料（2人分）

- A | 水 …… 450mℓ
  塩 …… 小さじ 1/2
  こしょう …… 少々
  ▷混ぜる
- ひよこ豆（ドライパック）…… 100g
- 玉ねぎ …… 1/4 個
  ▷ 1cm四方に切る

2

- キャベツ …… 葉 2 枚
  ▷ 1cm四方に切る
- パプリカ（黄）…… 1/2 個
  ▷ 1cm四方に切る

3

- トマト …… 1 個　▷ 1cm角に切る
- ベーコン …… 3 枚　▷ 1cm四方に切る
- タイム（あれば）…… 5 ～ 6 本

（仕上げ）

- オリーブオイル …… 大さじ 1/2

鍋に 1 ～ 3 の順に入れ、
ふたをして、弱めの中火で 20 分ほど煮る。
仕上げにオリーブオイルを回し入れ、混ぜる。

note ● タイムの代わりにローリエ 1 枚でもOK。

step

1

2

材料（2人分）

- A｜水、牛乳 …… 各200mℓ
  洋風スープの素（顆粒）
  …… 小さじ1/2
  塩 …… 小さじ1/4
  こしょう …… 少々
  ▷混ぜる
- 里いも …… 4個
  ▷厚さ1cmの輪切りにし、
  塩適量をふってもみ、洗う

- 白いんげん豆（水煮）…… 150g
  ▷汁けをきる
- ウインナソーセージ …… 4本
  ▷厚さ5mmの小口切りにする

（仕上げ）

- 粗びき黒こしょう …… 適量

鍋に1、2の順に入れ、ふたを少しずらしてのせ、
弱めの中火で20分ほど煮る。
器に盛り、仕上げに粗びき黒こしょうをふる。

note

好みでタイム2～3本
を加えて煮るとさらに
香りよく仕上がります。

ソーセージと里いものミルクスープ

子どもも喜びそうなやさしい味。
吹きこぼれを防ぐため、
ふたは少しずらしてのせてください。

ご飯にかけてもおいしい
タイカレー風です。

エスニックココナッツカレースープ

材料（2人分）

step

1

- 水 …… 250mℓ
- ココナッツミルク …… 200mℓ
- ナンプラー …… 大さじ1と1/2
- カレー粉 …… 小さじ2

2

- えび …… 12尾
  ▷殻をむき、背に浅い切り込みを入れて背わたを取る
- たけのこ（水煮）…… 120g
  ▷穂先は厚さ1cmのくし形切り、根元は厚さ5mmのいちょう切りにする
- パプリカ（赤）…… 1/3個
  ▷小さめのひと口大に切る
- しいたけ …… 3枚
  ▷薄切りにする

（仕上げ）

- 香菜（ざく切り）…… 適量
- ライム（くし形切り）…… 2切れ

鍋に1を入れて混ぜ、2を加えて混ぜる。
ふたを少しずらしてのせ、中火で8分ほど煮る。
器に盛り、仕上げに香菜をのせ、ライムを添える。

だし汁ベースのシンプルなポトフ。
食材のおいしさが際立ちます。

ベーコン、じゃがいも、キャベツの和風ポトフ

材料（2人分）

step 1

- A
  - だし汁 …… 800mℓ
  - しょうゆ …… 小さじ1
  - 塩 …… 小さじ2/3

  ▷混ぜる
- キャベツ …… 大1/4個

  ▷芯をつけたまま2等分のくし形切りにする
- じゃがいも …… 1個

  ▷半分に切って水にさっとさらし、水けをきる

2

- ベーコン …… 4枚

鍋に1、2の順に入れ、ふたをして、弱めの中火で30分ほど煮る。

肉だんごとごぼうの具だくさん汁

step 1

2

鍋に 1、2 の順に入れ、
ふたをして、中火で 8 分ほど煮る。

材料（2人分）

- A｜だし汁 …… 500㎖
  ｜みそ …… 大さじ 2 と 1/2
  ▷溶き混ぜる
- ごぼう …… 小 1/3 本（30g）
  ▷ささがきにして水にさっとさらし、水けをきる
- まいたけ …… 1 パック
  ▷食べやすい大きさにほぐす

- 肉だんご
  ｜豚ひき肉 …… 200g
  ｜長ねぎ（みじん切り）…… 1/4 本分
  ｜片栗粉、酒 …… 各小さじ 1
  ｜塩 …… ひとつまみ
  ▷ボウルに入れて粘りが出るまで混ぜ、10 等分にして丸める
- 春菊 …… 50g
  ▷葉を摘み、茎は斜め薄切りにする

料理

市瀬悦子

料理研究家。食品メーカーに勤務後、料理研究家のアシスタントを経て独立。「おいしくて作りやすい家庭料理」をモットーに、書籍、雑誌、テレビなどで活躍中。著書に『基本調味料で作る鍋』『すぐやせおかず糖質オフ200』『ラクちんおかず作りおき200』（すべて主婦と生活社）など多数。http://www.e-ichise.com

撮影 ／ 福尾美雪
スタイリング ／ 中村弘子
デザイン ／ 野本奈保子（ノモグラム）
文 ／ 佐藤友恵
校閲 ／ 泉敏子　河野久美子
編集 ／ 小田真一

撮影協力 ／ UTUWA

読者アンケートにご協力ください

この度はお買い上げいただきありがとうございました。『目で見てわかる！「材料入れて煮るだけ」レシピ』はいかがだったでしょうか？　右上のQRコードからアンケートにお答えいただけると幸いです。今後のより良い本作りに活用させていただきます。所要時間は5分ほどです。
＊このアンケートは編集作業の参考にするもので、ほかの目的では使用しません。詳しくは当社のプライバシーポリシー（https://www.shufu.co.jp/privacy/）をご覧ください。

目で見てわかる！
「材料入れて煮るだけ」レシピ

著　者　市瀬悦子
編集人　束田卓郎
発行人　倉次辰男
発行所　株式会社主婦と生活社
〒104-8357 東京都中央区京橋3-5-7
[編集部] ☎ 03-3563-5129
[販売部] ☎ 03-3563-5121
[生産部] ☎ 03-3563-5125
https://www.shufu.co.jp

製版所　東京カラーフォト・プロセス株式会社
印刷所　共同印刷株式会社
製本所　共同製本株式会社

ISBN978-4-391-15502-0